www.ingramcontent.com/pod-product-compliance
Lightning Source LLC
LaVergne TN
LVHW010811051026
849532LV00007B/2510
* 9 7 8 9 3 6 9 0 8 7 6 8 6 *

گیت گاتا چل

(جذباتی فلمی نغمے / حصہ: ۳)

(۱۹۸۰ء اور ۱۹۹۰ء کی دہائی)

مرتبہ:

مکرم نیاز

Geet gaata chal : Emotional film songs - Part-3

by: Mukarram Niyaz

Edition: September '2025

Publisher :

Taemeer Publications LLC (Michigan, USA / Hyderabad, India)

ISBN 978-93-6908-768-6

9 789369 087686

کتاب	:	**گیت گاتا چل** (جذباتی فلمی نغمے / حصہ: ۳)
مرتب	:	**مکرم نیاز**
صنف	:	شاعری
ناشر	:	تعمیر پبلی کیشنز (حیدرآباد، انڈیا)
سالِ اشاعت	:	۲۰۲۵ء
صفحات	:	۱۳۲
سرورق ڈیزائن	:	تعمیر ویب ڈیزائن

تعارف

بالی ووڈ سینما کی ایک انفرادیت اس کے نغمے، گیت اور موسیقی بھی ہیں۔ مغل اعظم، پاکیزہ اور امراؤ جان سے لے کر 'دل تو پاگل ہے' تک کی فلموں نے اردو شاعری کا لوہا منوایا ہے۔ ۱۹۶۰ کی دہائی کے جوبلی کمار (راجندر کمار) اپنی اداکاری سے زیادہ اپنی فلموں کے گانوں کے سہارے مقبول ہوئے اسی طرح ۷۰ کی دہائی کے سپر اسٹار راجیش کھنہ بھی!

ان مشہور و مقبول فلمی نغموں کے آڈیو / ویڈیو آج سائبر دنیا میں جہاں دستیاب ہیں وہیں بصورت تحریر دیوناگری اور رومن رسم الخط میں مختلف ویب سائٹس پر بھی موجود ہیں۔ اردو رسم خط میں اس کمی کا خیال کرتے ہوئے، 'تعمیر نیوز' کی جانب سے بالی ووڈ فلمی نغموں کے لیے ایک بلاگ مختص کیا گیا جہاں تقریباً ۷۰۰ سے زائد نغموں کو اردو نستعلیق تحریر کی شکل میں پیش کرنے کی سعی کی گئی۔ انہی نغموں کو کتابی شکل میں بھی 'تعمیر پبلی کیشنز' کی جانب سے پیش کیا جا رہا ہے۔

مکرم نیاز

۱۵/ستمبر ۲۰۲۵ء ، حیدرآباد، تلنگانہ، انڈیا۔

جذباتی

(سال : نغموں کی تعداد)

۱۹۸۰ : ۲۲

۱۹۹۰ : ۳۰

۱۹۸۰ - گانا نمبر : ۰۱

لگی آج ساون کی پھر وہ جھڑی ہے

فلم : چاندنی (۱۹۸۹ء)

نغمہ نگار : آنند بخشی

گلوکار : سریش واڈیکر، انوپما دیشپانڈے

موسیقار : شیو ہری

اداکار : سری دیوی، ونود کھنہ، رشی کپور، وحیدہ رحمان

لگی آج ساون کی پھر وہ جھڑی ہے
وہی آگ سینہ میں پھر جل پڑی ہے
کچھ ایسے ہی دن تھے وہ جب ہم ملے تھے
چمن میں نہیں پھول دل میں کھلے تھے
وہی تو ہے موسم مگر رت نہیں وہ
میرے ساتھ برسات بھی رو پڑی ہے
کوئی کاش دل پے ذرا ہاتھ رکھ دے

میرے دل کے ٹکڑوں کو ایک ساتھ رکھ دے
مگر یہ ہے خوابوں خیالوں کی باتیں
کبھی ٹوٹ کر چیز کوئی جڑی ہے

***

گانا نمبر : ۰۲

لوگ کہتے ہیں میں شرابی ہوں

فلم : شرابی (۱۹۸۴ء)

نغمہ نگار : انجان

گلوکار : کشور کمار

موسیقار : بپی لہری

اداکار : امیتابھ بچن، جیا پردا، پران

لوگ کہتے ہیں میں شرابی ہوں

تم نے بھی شاید

یہی سوچ لیا ہے

لوگ کہتے ہیں میں شرابی ہوں

کسی پہ حسن کا غرور، جوانی کا نشہ

کسی کے دل پہ محبت کی روانی کا نشہ

کسی کو دیکھ کے سانسوں سے

ابھرتا ہے نشہ

بنا پیے بھی کہیں حد سے
گزرتا ہے نشہ
نشہ میں کون نہیں ہے
مجھے بتاؤ ذرا
کسے ہے ہوش میرے سامنے تو لاؤ ذرا
نشہ ہے سب پہ
مگر رنگ نشہ کا ہے جدا
کھلی کھلی ہوئی صبح پہ ہے شبنم کا نشہ
ہوا پہ خوشبو کا
بادل پہ ہے رم جھم کا نشہ
کہیں سرور ہے خوشیوں کا کہیں غم کا نشہ
نشہ شراب میں ہوتا تو ناچتی بوتل
میکدے جھومتے پیمانوں میں ہوتی ہلچل
نشہ میں کون نہیں ہے مجھے بتاؤ ذرا
لوگ کہتے ہیں میں شرابی ہوں
تم نے بھی شاید یہی سوچ لیا

لوگ کہتے ہیں میں شرابی ہوں

تھوڑی آنکھوں سے پلا دے رے سجنی دیوانی

تجھے میں، تجھے میں

تجھے سانسوں میں بسا لوں گا

سجنی دیوانی، تجھے نو لکھا

منگا دوں گا سجنی دیوانی

***

گانا نمبر : ۰۳

لال دوپٹہ ململ کا

فلم : لال دوپٹہ ململ کا (۱۹۸۹ء)

نغمہ نگار : مجروح سلطان پوری

گلوکار : محمد عزیز

موسیقار : آنند ملند

اداکار : ساحل چڈھا، ویورلی

محبت کے شیشے پہ پتھر نہ مارو
یہ دولت کہاں سب کو ملتی ہے یارو
نذرانہ ساجن کا پیار
بوٹے ستارے جس میں ہزار
لہراتی جائے البیلی نار
لال دوپٹہ ململ کا
لال دوپٹہ ململ کا
بوٹے میں کھلتے ارماں کے پھول

تاروں میں لپٹی سانسوں کے تار
سہرا پہن کے آئیں گے سجنا
اترے گا چندا سجنی کے دوار
دکھلائے ایسے سپنے ہزار
لال دوپٹہ ململ کا
لال دوپٹہ ململ کا
بوٹے ستارے ان کو نہ جان
ہلکی نظر سے ان کو نہ تول
یہ تو محبت کی روشنی سے
لکھے گئے ہیں چاہت کے بول
یہ تو کتاب عشق ہے یار
لال دوپٹہ ململ کا
لال دوپٹہ ململ کا
نذرانہ ساجن کا پیار
بوٹے ستارے جس میں ہزار
لہراتی جائے البیلی نار

لال دوپٹہ ململ کا

لال دوپٹہ ململ کا

***

گانا نمبر : ۰۴

اے زندگی گلے لگا لے

فلم : صدمہ (۱۹۸۳ء)

نغمہ نگار : گلزار

گلوکار : سریش واڈیکر

موسیقار : الیا راجہ

اداکار : سری دیوی، کمل ہاسن

اے زندگی گلے لگا لے
ہم نے بھی تیرے ہر ایک غم کو گلے سے لگایا ہے، ہے نا
ہم نے بہانے سے چھپ کے زمانہ سے
پلکوں کو پردے میں گھر بھر لیا
تیرا سہارا مل گیا ہے زندگی
چھوٹا سا سایہ تھا، آنکھوں میں آیا تھا
ہم نے دو بوندوں سے من بھر لیا
ہم کو کنارا مل گیا ہے زندگی

***

گانا نمبر : ۰۵

فضا بھی ہے جواں جواں

فلم : نکاح (۱۹۸۲ء)

نغمہ نگار : حسن کمال

گلوکار : سلمیٰ آغا

موسیقار : روی

اداکار : راج ببر، دیپک پراشر، سلمیٰ آغا

فضا بھی ہے جواں جواں

ہوا بھی ہے رواں رواں

سنا رہا ہے یہ سماں

سنی سنی سی داستاں

پکارتے ہیں دور سے وہ قافلے بہار کے

بکھر گئے ہیں رنگ سے، کسی کے انتظار کے

لہر لہر کے ہونٹ پر وفا کی ہیں کہانیاں

بجھی مگر بجھی نہیں، نہ جانے کیسی پیاس ہے

قرار دل سے آج بھی، نہ دور ہے نہ پاس ہے
یہ کھیل دھوپ چھاؤں کا، یہ قربتیں یہ دوریاں
ہر ایک پل کو ڈھونڈتا، ہر ایک پل چلا گیا
ہر ایک پل فراق کا، ہر ایک پل وصال کا
ہر ایک پل گزر گیا، بنا کے دل پے ایک نشاں

***

گانا نمبر : ۰٦

پل دو پل کا ساتھ ہمارا

فلم : دی برننگ ٹرین (۱۹۸۰ء)

نغمہ نگار : ساحر لدھیانوی

گلوکار : آشا بھونسلے، محمد رفیع

موسیقار : آر ڈی برمن

اداکار : دھریندر، ونود کھنہ، جتیندر، ہیما مالنی، پروین بابی، نیتو سنگھ

پل دو پل کا ساتھ ہمارا
پل دو پل کے یارانے ہیں
اس منزل پر ملنے والے
اس منزل پر کھو جانے ہیں
نظروں کے شوخ نذرانے
ہونٹوں کے گرم پیمانے
ہیں آج اپنی محفل میں
کل کیا ہو کوئی کیا جانے
یہ پل خوشی کی جنت ہے

اس پل میں جی لے دیوانے
آج کی خوشیاں ایک حقیقت
کل کی خوشیاں افسانے ہیں
ہر خوشی کچھ دیر کی مہمان ہے
پورا کر لے دل میں جو ارمان ہے
زندگی ایک تیز رو طوفان ہے
اس کا جو پیچھا کرے نادان ہے
گمشدہ خوشیوں پہ کیوں حیران ہے
وقت لوٹے اس کا کب امکان ہے
جھوم جب تک دھڑکنوں میں جان ہے
جھومنا ہی زندگی کی شان ہے
اول آخر ہر کوئی انجان ہے
زندگی بس راہ کی پہچان ہے
دوستو اپنا تو یہ ایمان ہے
جو بھی جتنا ساتھ دے احسان ہے
عمر کا رشتہ جوڑنے والے اپنی نظر میں دیوانے ہیں

***

گانا نمبر : ۰۷

اجنبی کون ہو تم، جب سے تمہیں دیکھا ہے

فلم : سویکار کیا میں نے (۱۹۸۳ء)

نغمہ نگار : ندا فاضلی

گلوکار : لتا منگیشکر

موسیقار : اوشا کھنہ

اداکار : ونود مہرہ، شبانہ اعظمی

اجنبی کون ہو تم ، جب سے تمہیں دیکھا ہے
ساری دنیا میری آنکھوں میں سمٹ آئی ہے
تم تو ہر گیت میں شامل تھے ترنم بن کے
تم ملے ہو مجھے پھولوں کا تبسم بن کے
ایسا لگتا ہے کہ برسوں سے شناسائی ہے
خواب کا رنگ حقیقت میں نظر آیا ہے
دل میں دھڑکن کی طرح کوئی اتر آیا ہے
آج ہر سانس میں شہنائی سی لہرائی ہے

کوئی آہٹ سی اندھیروں میں چمک جاتی ہے
رات آتی ہے تو تنہائی مہک جاتی ہے
تم ملے ہو یا محبت نے غزل گائی ہے

***

گانا نمبر : ۰۸

کہہ دو کہ تم ہو میری ورنہ

فلم : تیزاب (۱۹۸۸ء)

نغمہ نگار : جاوید اختر

گلوکار : امیت کمار، انورادھا پودوال

موسیقار : لکشمی کانت پیارے لال

اداکار : انیل کپور، مادھوری ڈکشٹ

کہہ دو کہ تم ہو میری ورنہ
جینا نہیں مجھے ہے مرنا
دیکھو کبھی نہ ایسا کرنا
یہی ادا تو اک ستم ہے
سنو تمہیں میری قسم ہے
کہہ دو کہ تم ہو میری ---
تم آج مجھ سے ایک وعدہ کر لو
پھر نہ کوئی شرارت کرو گے
جتنا محبت میں کرتا ہوں تم سے

مجھ سے تم اتنی محبت کرو گے
یہی ادا تو ایک ستم ہے ---
کل دل دکھایا تھا میں نے تمہارا
اس بات کا آج تک مجھ کو غم ہے
یہ سوچ کر معاف کر دینا مجھ کو
میری یہ پہلی محبت ہے جانم
یہی ادا تو ایک ستم ہے ---
شکوے گلے یوں سب ہیں کل کی کہانی
اب زندگی بھر خفا ہم نہ ہوں گے
اب میں تمہارا ہوں اور بس تمہارا
مر جاؤں بھی تو جدا ہم نہ ہوں گے
اب خفا ہم نہ ہوں گے بےوفا ہم نہ ہوں گے
یہی ادا تو ایک ستم ہے ---
کہہ دو کہ تم ہو میری ---

***

گانا نمبر : ۰۹

مرنے کا غم نہیں ہے

فلم : دیدارِ یار (۱۹۸۲ء)

نغمہ نگار : کیفی اعظمی

گلوکار : آشا بھونسلے

موسیقار : لکشمی کانت پیارے لال

اداکار : ریکھا، جتیندر، رشی کپور، ٹینا منیم

مرنے کا غم نہیں ہے مرنے تک غم نہیں ہے
جیتا ہے پیار مر کے کاش آنکھیں بند ہوتیں
دیدار یار کر کے کاش آنکھیں بند ہوتیں
مرنے کا غم نہیں ہے مرنے تک غم نہیں ہے
قسمت جو ساتھ دیتی اس کے قدم پہ مرتے
اس کے قدم پہ مر کے کیا کیا نہ ناز کرتے
لے جاتے اس کے جلوے آنکھوں میں اپنی بھر کے
کاش آنکھیں بند ہوتیں دیدارِ یار کر کے

میری طرف سے بڑھ کر لاکھوں بلائیں لینا
منہ دیکھنا تو اس کا سو سو دعائیں دینا
خوابوں کی وہ دلہنیا جب آئے سج سنور کے
کاش آنکھیں بند ہوتیں دیدارِ یار کر کے
ہم نرم نرم کلیاں گلشن سے چن کے لائے
اور ساری کلیاں تیری راہوں میں ہم بچھائے
اور خود چمن سے لوٹے آنچل میں کانٹے بھر کے
کاش آنکھیں بند ہوتیں دیدارِ یار کر کے
پوری کبھی نہ ہوگی یہ پیار کی کہانی
رکھے گی دور تجھ سے ہم کو یہ زندگانی
پہنچیں گے پاس تیرے ہم جان سے گزر کے
پہنچیں گے پاس تیرے ہم جان سے گزر کے

***

گانا نمبر : ۱۰

آ دیکھیں ذرا کس میں ہے کتنا دم

فلم : راکی (۱۹۸۱ء)

نغمہ نگار : مجروح سلطان پوری

گلوکار : کشور کمار، آشا بھونسلے

موسیقار : آر ڈی برمن

اداکار : سنجے دت، ٹینا منیم

آ دیکھیں ذرا کس میں ہے کتنا دم
جم کے رکھنا قدم میرے ساتھیا
آ دیکھیں ذرا ---
آگے نکل آئے ہم وہ پیچھے رہ گئے
اوپر چلے آئے ہم وہ نیچے رہ گئے
وہ ہم سے ہاریں گے، ہم بازی ماریں گے
ہم ان سے کیا ہیں کم، ناچیں گے ایسے ہم
ناچیں گے ایسے ہم، ناچیں گے وہ کیا

آ دیکھیں ذرا ---

سارے شہر میں ہمیں ہیں، ہم سا کون ہے

دیکھو ادھر ہم یہیں ہیں، ہم سا کون ہے

دیکھیں گے، دیکھا ہے جادو کیا ایسا ہے

یاروں سے جلنے کا، کانٹوں پہ چلنے کا

کانٹوں پہ چلنے کا کیا ہے فائدہ

آ دیکھیں ذرا ---

***

گانا نمبر : ۱۱

تیرا ساتھ ہے تو مجھے کیا کمی ہے

فلم : پیاسا ساون (۱۹۸۱ء)

نغمہ نگار : سنتوش آنند

گلوکار : کملیش اوستھی

موسیقار : لکشمی کانت پیارے لال

اداکار : جتیندر، موسمی چٹرجی

تیرا ساتھ ہے تو مجھے کیا کمی ہے
اندھیروں سے بھی مل رہی روشنی ہے
سبھی کچھ ہے لیکن، کچھ بھی نہیں ہے
اندھیروں میں اب ڈھل رہی روشنی ہے
بانہوں میں بھر کر چاند اور تارے
گگن کا کلیجہ زمیں کو پکارے
سانسوں سے تھوڑی عمر مانگنی ہے
اچھی بری ہر گھڑی بانٹنی ہے

تیرا ساتھ ہے تو مجھے کیا کمی ہے
اندھیروں سے بھی مل رہی روشنی ہے
مجھے تو سزا دے میری سب خطا ہے
اب آگے کیا ہو گا کسے کیا پتا ہے
گھٹے دم تو کیا رات تو کاٹنی ہے
میری زندگی درد کی راگنی ہے
کہے پھول تجھ سے ذرا سن او ڈالی
خزاں میں اکیلا کرے گا کیا مالی
بتا تو یہ کیسی آندھی اٹھی ہے
بہاروں میں گلشن کی ڈالی لٹی ہے

***

گانا نمبر : ۱۲

اے خدائے پاک اے رب کریم

فلم : طوائف (۱۹۸۵ء)

نغمہ نگار : حسن کمال

گلوکار : مہندر کپور

موسیقار : روی

اداکار : رشی کپور، رتی اگنی ہوتری، پونم ڈھلوں

اے خدائے پاک اے ربِّ کریم
کہہ کے بسم للہ رحمان و رحیم
سر جھکاتے ہیں تیرے دربار میں
ہم تو خادم ہیں تیری سرکار میں
ہے تو ہی مالک تو ہی بندہ نواز
جانتا ہے تو ہمارے دل کے راز
کیا زمیں کیا آسماں کیا صبح و شام
ہے سبھی تیرے اشاروں کے غلام
تو جو چاہے ذرہ بھی ہو آفتاب

جس کو چاہے اس کو دے تو بے حساب
جس پہ ہو تیری عنایت کی نظر
ہے فرشتوں سے بھی اعلیٰ وہ بشر
کوئی مفلس ہے کہ دولت مند ہے
تیری رحمت کا ضرورت مند ہے
نیک ہے اور کون بد انساں ہے
اس کو تو بس تجھ کو ہی پہچاں ہے
کیا خبر جو یہاں گنہگاروں میں ہو
وہ تیری قدرت کے شاہکاروں میں ہو
ہم کو دکھلا نیکیوں کا راستہ
تجھ کو ہے اپنے نبی کا واسطہ
دل کو دو دنیا کی دولت بخش دے
یعنی انساں کی محبت بخش دے
اے خدائے پاک اے رب کریم
کہہ کے بسم للہ رحمان و رحیم

***

گانا نمبر : ۱۳

بنے چاہے دشمن زمانہ ہمارا

فلم : دوستانہ (۱۹۸۰ء)

نغمہ نگار : آنند بخشی

گلوکار : کشور کمار، محمد رفیع

موسیقار : لکشمی کانت پیارے لال

اداکار : امیتابھ بچن، شتروگھن سنہا، زینت امان

بنے چاہے دشمن زمانہ ہمارا
سلامت رہے دوستانہ ہمارا

وہ خوابوں کے دن، وہ کتابوں کے دن
سوالوں کی راتیں، جوابوں کے دن
کئی سال ہم نے گزارے یہاں
یہیں ساتھ کھیلے، ہوئے ہم جواں
تھا بچپن بڑا عاشقانہ ہمارا
سلامت رہے دوستانہ ہمارا

نہ بچھڑیں گے مر کے بھی ہم دوستو
ہمیں دوستی کی قسم دوستو
پتا کوئی پوچھے تو کہتے ہیں ہم
کہ ایک دوجے کے دل میں رہتے ہیں ہم
نہیں اور کوئی ٹھکانا ہمارا
سلامت رہے دوستانہ ہمارا

***

گانا نمبر : ۱۴

دشمن نہ کرے دوست نے وہ کام کیا ہے

فلم : آخر کیوں (۱۹۸۵ء)

نغمہ نگار : اندیور

گلوکار : لتا منگیشکر، امیت کمار

موسیقار : راجیش روشن

اداکار : راجیش کھنہ، سمیتا پاٹل، ٹینا منیم، راکیش روشن

دشمن نہ کرے دوست نے وہ کام کیا ہے
عمر بھر کا غم ہمیں انعام دیا ہے
طوفاں میں ہم کو چھوڑ کے ساحل پہ آ گئے
ناخدا کا ہم نے جنہیں نام دیا ہے
پہلے تو ہوش چھین لیے ظلم و ستم سے
دیوانگی کا پھر ہمیں الزام دیا ہے
اپنے ہی گراتے ہیں نشیمن پہ بجلیاں
غیروں نے آ کے پھر بھی اسے تھام لیا ہے

بن کر رقیب بیٹھے ہیں وہ جو حبیب تھے
یاروں نے خوب فرض کو انجام دیا ہے

***

گانا نمبر : ۱۵

زندگی ہر قدم اک نئی جنگ ہے

فلم : میری جنگ (۱۹۸۵ء)

نغمہ نگار : آنند بخشی

گلوکار : لتا منگیشکر، شبیر کمار

موسیقار : لکشمی کانت پیارے لال

اداکار : انیل کپور، مینا کشی سیشادری، نوتن

جیت جائیں گے ہم، جیت جائیں گے ہم
تو اگر سنگ ہے
زندگی ہر قدم اک نئی جنگ ہے
زندگی ہر قدم اک نئی جنگ ہے
تو نے ہی سجائے ہیں میرے ہونٹوں پہ یہ گیت
تیری پریت سے میرے جیون میں بکھرا سنگیت
میرا سب کچھ تیری دین ہے میرے من کی میت
میں ہوں اک تصویر تو میرا روپ رنگ ہے

زندگی ہر قدم اک نئی جنگ ہے
حوصلہ نہ چھوڑ، کر سامنا جہان کا
وہ بدل رہا ہے دیکھ رنگ آسمان کا
یہ شکست کا نہیں یہ فتح کا رنگ ہے
زندگی ہر قدم اک نئی جنگ ہے
روز کہاں ڈھونڈیں گے سورج چاند ستاروں کو
آگ لگا کر ہم روشن کر لیں گے اندھیاروں کو
غم نہیں جب تلک دل میں یہ امنگ ہے
زندگی ہر قدم اک نئی جنگ ہے

***

گانا نمبر : ۱۶

من کیوں بہکا رے بہکا آدھی رات کو

فلم : اتسو (۱۹۸۴ء)

نغمہ نگار : ایتابھ بھٹاچاریہ

گلوکار : آشا بھونسلے، لتا منگیشکر

موسیقار : لکشمی کانت پیارے لال

اداکار : ریکھا، ششی کپور، امجد خان، شیکھر سمن، شنکرناگ

من کیوں بہکا رے بہکا آدھی رات کو

بیلا مہکا رے مہکا آدھی رات کو

کس نے بنسی بجائی آدھی رات کو

جس نے پلکیں چرائی آدھی رات کو

جھنجھر جھمکے سن جھمکے آدھی رات کو

اس کو ٹوکو نہ روکو، روکو نہ ٹوکو آدھی رات کو

لاج لگے رے لاگے آدھی رات کو

دینا سیندور کہ سوؤں آدھی رات کو

بیلا مہکا رے مہکا آدھی رات کو
بات کہتے بنے کیا آدھی رات کو
آنکھ کھولے گی بات آدھی رات کو
ہم نے پی چاندنی آدھی رات کو
چاند آنکھوں میں آیا آدھی رات کو
بیلا مہکا رے مہکا آدھی رات کو
من کیوں بہکا رے بہکا آدھی رات کو
رات گُنتی رہے گی آدھی بات کو
آدھی باتوں کی پیر، آدھی رات کو
بات پوری ہو کیسے آدھی رات کو
رات ہوتی شروع ہے آدھی رات کو
من کیوں بہکا رے بہکا آدھی رات کو
بیلا مہکا رے مہکا آدھی رات کو

***

گانا نمبر : ۱۷

آئی ایم اے ڈسکو ڈانسر

فلم : ڈسکو ڈانسر (۱۹۸۲)

نغمہ نگار : انجان

گلوکار : وجے بینیڈکٹ

موسیقار : بھپی لہری

اداکار : متھن چکرورتی، کم

وِل یو سِنگ وِد می؟

سے ڈی، سے آئی، سے ایس۔سی۔او

ڈسکو ڈسکو ڈسکو ڈسکو

آئی ایم اے ڈسکو ڈانسر

آئی ایم اے ڈسکو ڈانسر

زندگی میرا گانا، میں کسی کا دیوانہ

تو جھومو، تو ناچو، آؤ میرے ساتھ ناچو گاؤ

آئی ایم اے ڈسکو ڈانسر

دوستو، میری یہ زندگی گیتوں کی امانت ہے
میں اسی لیے پیدا ہوا ہوں
یہ لوگ کہتے ہیں میں تب بھی گاتا تھا
جب بول پاتا نہیں تھا
یہ پاؤں میرے تو تب بھی تھرکتے تھے
جب چلنا آتا نہیں تھا
نغموں کی مستی ہے میری جوانی میں
ہے ڈانس میرے لہو کی روانی میں
یہی میری ہار، یہی میری جیت، یہی میرے گیت
تو جھومو، تو ناچو، آؤ میرے ساتھ ناچو گاؤ
آئی ایم اے ڈسکو ڈانسر
زندگی میرا گانا، میں کسی کا دیوانہ
ڈی سے کیا ہوتا ہے؟
ڈارلنگ --- آ ہاں
دیوانہ --- آ ہاں
ڈسکو --- آ ہاں

ڈی ہے ہوتا سے ڈانس

آئی ہے ہوتا سے آئیٹم

ایس ہے ہوتا سے سنگر

سی ہے ہوتا سے کورس

او سے آرکسٹرا

ہیلو بیوٹی فل، وہاٹس یور نیم؟

نِشا! تمھیں معلوم جوانی کیا ہوتی ہے؟

نہیں معلوم! ہا ہا ہا

جوانی ایک لہر ہے، جوانی ایک نشہ ہے

جوانی جس پہ آئے، وہ ہی جانے یہ کیا ہے

دو دن کی ہستی میں، صدیوں کی مستی ہے

بنداس باغی جوانی

دل پیاسے ملتے ہیں، ایسے جوانی میں

جیسے ملے آگ پانی میں

اس عمر میں کیوں نہ من مانی کر جائیں

مستی کی راہوں میں حد سے گزر جائیں

ہا ہا ہا

جہاں ملے پیار، وہیں میرے یار، ہو جائیں نثار

تو جھومو، تو ناچو، آؤ میرے ساتھ ناچو گاؤ

آئی ایم اے ڈسکو ڈانسر

زندگی میرا گانا، میں کسی کا دیوانہ

آئی ایم اے ڈسکو ڈانسر

آئی ایم اے ڈسکو ڈانسر

***

گانا نمبر : ۱۸

نندیا سے جاگی بہار

فلم : ہیرو (۱۹۸۳ء)
نغمہ نگار : آنند بخشی
گلوکار : لتا منگیشکر
موسیقار : لکشمی کانت پیارے لال
اداکار : جیکی شراف، یناکشی سیشادری

نندیا سے جاگی بہار
ایسا موسم دیکھا پہلی بار
کوئل کوکے گائے ملہار
میں ہوں ابھی کمسن کمسن
جانوں نہ کچھ اِس بن، اس بن
راتیں جوانی کی بالی عمر کے دن
کب کیا ہو نہیں اعتبار
کیسی یہ رت آئی

سن کے میں شرمائی
کانوں میں کہہ گئی کیا جانے یہ پروائی
پہنے پھولوں نے کرنوں کے ہار

***

گانا نمبر : ۱۹

آنے والے سال کو سلام

فلم : آپ کے ساتھ (۱۹۸۶ء)

نغمہ نگار : آنند بخشی

گلوکار : شبیر کمار

موسیقار : لکشمی کانت پیارے لال

اداکار : انیل کپور، رتی اگنی ہوتری، سمیتا پاٹل، ونود

آنے والے سال کو سلام

جانے والے سال کو سلام

نئے سال کا پہلا جام، آپ کے نام

آپ کے نام --

ہیپی نیو ائیر، ہیپی نیو ائیر

ہیپی ہیپی ہیپی نیو ائیر

چہروں پہ چہرے انجانے

کون کسی کو اب پہچانے

کس کے دل میں کیا ہے جانے

آج نگاہوں سے لیتے ہیں

لوگ زباں کا کام

آپ کے نام ، ہیپی نیو ائیر

ہو نئے سال کا پہلا جام، آپ کے نام

مستی میں ہیں سب مستانے

یار نئے کچھ دوست پرانے

شاعر عاشق اور دیوانے

ایک جگہ پر جمع ہوئے ہیں

شہر کے سب بدنام

آپ کے نام ، ہیپی نیو ائیر

ہو نئے سال کا پہلا جام، آپ کے نام

ہاں تو میں کیا کہہ رہا تھا

حضور آپ آنند بخشی کی لکھی

توتا مینا کی کہانی سنا رہے تھے

سنائیے ناں ، ارے ہاں

پھر توتے سے بولی مینا
یاد رہے گی آج کی رینا
نئے سال کا اوئے کیا کہنا
بھور بھئی سب پنچھی جاگے
جاگ ہو توتارام
آپ کے نام ، ہیپی نیو ائیر
ہو نئے سال کا پہلا جام، آپ کے نام
ہیپی نیو ائیر، ہیپی نیو ائیر
ہیپی ہیپی ہیپی نیو ائیر

***

گانا نمبر : ۲۰

کبوتر جا جا جا، کبوتر جا جا جا

فلم : میں نے پیار کیا (۱۹۸۹ء)

نغمہ نگار : دیو کوہلی

گلوکار : ایس۔پی۔ بالا سبرامنیم، لتا منگیشکر

موسیقار : رام لکشمن

اداکار : سلمان خان، بھاگیہ شری

جا جا جا --- جا جا جا ---

کبوتر جا جا جا، کبوتر جا جا جا

پہلے پیار کی پہلی چٹھی ہو ---

ساجن کو دے آ

کبوتر جا جا جا، کبوتر جا جا جا

ان سے کہنا، جب سے گئے تم

میں تو ادھوری لگتی ہوں

ان ہونٹوں پہ چپ سی لگی ہے

نہ روتی نہ ہنستی ہوں
بھول ہوئی جو انہیں ستایا ہو
کیسا پاپ کیا
کبوتر جا جا جا، کبوتر جا جا جا
من ہی من میں ان کو اپنا
سب کچھ مان چکی ہوں میں
وہ کیا ہیں، میں کون ہوں ان کی
ان کو اپنے ساتھ ہی لانا۔۔ ہو
دل ہی نہیں لگتا
کبوتر جا جا جا، کبوتر جا جا جا
یہاں کا موسم بڑا حسیں ہے
پھر بھی پیار اداس ہے
ان سے کہنا، دور سہی میں
دل تو انہی کے پاس ہے
تو یہ سندیش ان کو سنانا، او
تو یہ سندیش ان کو سنانا، میں پیچھے آیا

کبوتر جا جا جا، کبوتر جا جا جا
جہاں بھی دیکھوں تم ہی تم ہو
اور نظر نہ کچھ آئے
دل یہ چاہے اس عالم میں
کاش زمانہ رک جائے
آج سے پہلے کبھی نہیں تھی
اتنی حسیں دنیا
کبوتر جا جا جا، کبوتر جا جا جا

***

گانا نمبر : ۲۱

منزلیں اپنی جگہ ہیں، راستے اپنی جگہ

فلم : شرابی (۱۹۸۴ء)

نغمہ نگار : پرکاش مہرا

گلوکار : کشور کمار

موسیقار : بپی لہری

اداکار : امیتابھ بچن، جیا پردا

منزلوں پہ آ کے لٹتے ہیں دلوں کے کارواں
کشتیاں ساحل ہی اکثر ڈوبتی ہیں پیار کی
منزلیں اپنی جگہ ہیں، راستے اپنی جگہ
جب قدم ہی ساتھ نہ دیں، تو مسافر کیا کرے
یوں تو ہے ہمدرد بھی اور ہمسفر بھی ہے میرا
بڑھ کے کوئی ہاتھ نہ دے، دل بھلا پھر کیا کرے
ڈوبنے والے کو تنکے کا سہارا ہی بہت
دل بہل جائے فقط اتنا اشارہ ہی بہت

اتنے پر بھی آسماں والا گرا دے بجلیاں

کوئی بتلا دے ذرا یہ، ڈوبتا پھر کیا کرے؟

پیار کرنا جرم ہے تو جرم ہم سے ہو گیا

قابلِ معافی ہوا، کرتے نہیں ایسے گناہ

سنگدل ہے یہ جہاں، اور سنگدل میرا صنم

کیا کرے جوشِ جنوں اور حوصلہ پھر کیا کرے؟

***

گانا نمبر : ۲۲

پاپا کہتے ہیں بڑا نام کرے گا

فلم : قیامت سے قیامت تک (۱۹۸۸ء)

نغمہ نگار : مجروح سلطان پوری

گلوکار : ادت نارائن

موسیقار : آنند ملند

اداکار : عامر خان، جوہی چاؤلہ

پاپا کہتے ہیں بڑا نام کرے گا

بیٹا ہمارا ایسا کام کرے گا

مگر یہ تو، کوئی نہ جانے

کہ میری منزل ہے کہاں

بیٹھے ہیں مل کے، سب یار اپنے

سب کے دلوں میں، ارماں یہ ہے

وہ زندگی میں، کل کیا بنے گا

ہر ایک نظر کا، سپنا یہ ہے

کوئی انجینئر کا کام کرے گا

بزنس میں کوئی اپنا نام کرے گا

مگر یہ تو ---

میرا تو سپنا، ہے ایک چہرہ

دیکھے جو اس کو، جھومے بہار

گالوں میں کھلتی، کلیوں کا موسم

آنکھوں میں جادو، ہونٹوں میں پیار

بندہ یہ خوبصورت کام کرے گا

دل کی دنیا میں اپنا نام کرے گا

مگر یہ تو، کوئی نہ جانے

کہ میری منزل ہے کہاں

***

۱۹۹۰ - گانا نمبر : ۰۱

یونہی کٹ جائے گا سفر ساتھ چلنے سے

فلم : ہم ہیں راہی پیار کے (۱۹۹۳ء)

نغمہ نگار : سمیر

گلوکار : کمار سانو، الکا یاگنک

موسیقار : ندیم شراون

اداکار : عامر خان، جوہی چاوٗلہ

یونہی کٹ جائے گا سفر ساتھ چلنے سے
کہ منزل آئے گی نظر ساتھ چلنے سے
ہم ہیں راہی پیار کے، چلنا اپنا کام
پل بھر میں ہو جائے گی ہر مشکل ناکام
حوصلہ نہ ہاریں گے، ہم تو بازی ماریں گے
یونہی کٹ جائے گا سفر ساتھ چلنے سے
کہتی ہیں یہ وادیاں بدلے گا موسم

نہ کوئی پرواہ ہے خوشیاں ہوں یا غم
آندھیوں سے کھیلیں گے، درد سارے جھیلیں گے
یونہی کٹ جائے گا سفر ساتھ چلنے سے
محنت کے آگے سبھی تدبیریں بیکار
ہوتی اس کی جیت ہے جو نہ مانے ہار
رات جب ڈھل جاتی ہے صبح سہانی آتی ہے
یونہی کٹ جائے گا سفر ساتھ چلنے سے
کہ منزل آئے گی نظر ساتھ چلنے سے

***

گانا نمبر : ۰۲

ہم نے گھر چھوڑا ہے

فلم : دل (۱۹۹۰ء)

نغمہ نگار : سمیر

گلوکار : ادت نارائن، سادھنا سرگم

موسیقار : آنند ملند

اداکار : عامر خان، مادھوری ڈکشٹ

ہم نے گھر چھوڑا ہے
رسموں کو توڑا ہے
دور کہیں جائیں گے
نئی دنیا بسائیں گے
تیرے بنا جینا پڑے
دن وہ کبھی بھی نہ آئے
کوئی بھی آندھی ہو
ہم کو جدا کر نہ پائے
بس ایک بار کیا ہے

میں نے تجھے پیار کیا ہے
ہم تیری بانہوں میں جنت کو بھلائیں گے
ہم نے گھر چھوڑا ہے
رسموں کو توڑا ہے
چھت پیار کی، سپنوں کی اونچی دیواریں
کلیاں محبت کی کھلنے لگیں
آئی ملن کی بہاریں
جنموں کی پیاس بجھا دے
مجھ کو گلے سے لگا دے
پیار کے اس مندر کو
چاہت سے سجائیں گے
ہم نے گھر چھوڑا ہے
رسموں کو توڑا ہے
دور کہیں جائیں گے
نئی دنیا بسائیں گے

***

گانا نمبر : ۰۳

پھولوں سا چہرہ تیرا، کلیوں سی مسکان ہے

فلم : اناڑی (۱۹۹۳ء)

نغمہ نگار : سمیر

گلوکار : ادت نارائن

موسیقار : آنند ملند

اداکار : کرشمہ کپور، وینکٹیش

پھولوں سا چہرہ تیرا
کلیوں سی مسکان ہے
رنگ تیرا دیکھ کے، روپ تیرا دیکھ کے
قدرت بھی حیران ہے
ہرنی کے جیسی آنکھیں ہیں تیری
بلبل کی جیسے تیری چال ہے
ماتھے پہ تیرے سورج کی لالی
ریشم کے جیسا تیرا بال ہے

چاند ستاروں میں، ایک ہزاروں میں
تیرا یہاں کوئی جواب نہیں ہے
شوخ بہاروں میں، مہکے نظاروں میں
باغ میں بھی ایسا گلاب نہیں ہے
خوشیوں میں تو ہے پلی، ہر غم سے انجان ہے
رنگ تیرا دیکھ کے، روپ تیرا دیکھ کے
قدرت بھی حیران ہے
سارے جہاں میں پھیلا اجالا
دھرتی پہ آئی چمک چاندنی
ہونٹوں پہ تیرے گیتوں کی مالا
سانسوں میں تیری کھلی راگنی
بینڈ بجاؤں گا، جھوم کے گاؤں گا
بیاہ تیرا ہوگا، بارات سجے گی
سجنی سجن ہوں گے، لوگ مگن ہوں گے
میری دعاؤں سے وہ رات سجے گی
لمبی ہو تیری عمر ہم سب کا ارمان ہے

رنگ تیرا دیکھ کے، روپ تیرا دیکھ کے
قدرت بھی حیران ہے
پھولوں سا چہرہ تیرا
کلیوں سی مسکان ہے

***

گانا نمبر : ۰۴

دو باتیں ہو سکتی ہیں صنم

فلم : امتحان (۱۹۹۴ء)

نغمہ نگار : فیض انور

گلوکار : کمار سانو

موسیقار : انو ملک

اداکار : سیف علی خان، رویںہ ٹنڈن

دو باتیں ہو سکتی ہیں صنم تیرے انکار کی
یا دنیا سے تو ڈرتی ہے یا قدر نہیں مرے پیار کی
کب سے کھڑا میں راہوں میں اپنا دل بچھائے
لیکن میری محبت پہ تجھ کو یقین نہ آئے
دو باتیں ہو سکتی ہیں صنم تیرے تکرار کی
کیا دل ہے ترا پتھر کا یا چاہت نہیں دلدار کی
ڈر ہے کہیں اس جیون کا سپنا ٹوٹ نہ جائے
میں بن جاؤں پاگل اور دنیا ہنسی اڑائے

دو باتیں ہو سکتی ہیں اب تو جیت یا ہار کی
کہہ دے مجھ سے میں مر جاؤں یا تھام لے بانہیں یار کی
دو باتیں ہو سکتی ہیں صنم تیرے انکار کی

***

گانا نمبر : ۰۵

پانی پانی رے

فلم : ماچس (۱۹۹۶ء)

نغمہ نگار : گلزار

گلوکار : لتا منگیشکر

موسیقار : وشال بھردواج

اداکار : تبو، چندراچوڑ سنگھ

پانی، پانی رے، کھارے پانی رے

نینوں میں بھر جا

نیندیں خالی کر جا

پانی پانی ان پہاڑوں کی ڈھلانوں سے اتر جانا

دھواں دھوں کچھ وادیاں بھی آئیں گی گزر جانا

اک گاؤں آئے گا، میرا گھر آئے گا

جا میرے گھر جا

نیندیں خالی کر جا

یہ ردالی جیسی راتیں جگ راتوں میں بتا دینا

میری آنکھوں میں جو بولے میٹھے پاکھی تو اڑا دینا

برفوں میں لگے موسم پگھلے

موسم ہرے کر جا

نیندیں خالی کر جا

***

گانا نمبر : ٠٦

زندگی موت نہ بن جائے سنبھالو یارو

فلم : سرفروش (۱۹۹۹ء)

نغمہ نگار :اسرار انصاری

گلوکار : سونو نگم، روپ کمار راٹھوڑ

موسیقار : جتن للت

اداکار : عامر خان، سونالی بیندرے، نصیرالدین شاہ

ذرہ ذرہ میں چھپا ہے حوصلے والوں کا جوش

پیدا ہوتے ہیں اسی مٹی سے ہی سرفروش

زندگی موت نہ بن جائے سنبھالو یارو

کھو رہا ہے چین و امن، مشکلوں میں ہے وطن

سرفروشی کی شمع دل میں جلا لو یارو

ایک طرف پیار ہے، چاہت ہے، وفاداری ہے

ایک طرف دیش میں دھوکہ ہے، غداری ہے

بستیاں سہمی ہوئی، سہما چمن سارا ہے

غم میں کیوں ڈوبا ہوا آج سب نظارہ ہے
آگ پانی کی جگہ ابھر جو برسائیں گے
لہلہاتے ہوئے سب کھیت جھلس جائیں گے
کھو رہا ہے چین و امن، مشکلوں میں ہے وطن
سرفروشی کی شمع دل میں جلا لو یارو
چند سکوں کے لیے تم نہ کرو کام برا
ہر برائی کا سدا ہوتا ہے انجام برا
جرم والوں کی کہاں عمر بڑی ہے یارو
ان کی راہوں میں سدا موت کھڑی ہے یارو
ظلم کرنے سے سدا ظلم ہی حاصل ہوگا
جو نہ سچ بات کہے وہ کوئی بزدل ہوگا
سرفروشوں نے لہو دے کے جس سے سینچا ہے
ایسے گلزار کو اجڑنے سے بچا لو یارو

***

گانا نمبر : ۰۷

اٹھنی سی زندگی ۔۔

فلم : جہاں تم لے چلو (۱۹۹۹ء)

نغمہ نگار : گلزار

گلوکار : ہری ہرن

موسیقار : وشال بھردواج

اداکار : سونالی کلکرنی، جمی شیرگل، نرمل پانڈے

کبھی چاند کی طرح ٹپکی
کبھی راہ میں پڑی پائی
اٹھنی سی زندگی ۔۔ زندگی
کبھی چھینک کی طرح کھنکی
کبھی جیب سے نکل آئی
اٹھنی سی زندگی۔۔ زندگی
کبھی چہرے پہ جڑی دیکھی
کہیں موڑ پر کھڑی دیکھی

شیشے کے مرتبانوں میں

دکان میں پڑی دیکھی

اٹھنی سی زندگی۔۔ زندگی

تمغے لگا کے ملتی ہے

معصومیت سے کھلتی ہے

کبھی پھول ہاتھ میں لے کر

شاخوں پہ بیٹھی ہلتی ہے

اٹھنی سی زندگی۔۔ زندگی

***

گانا نمبر : ۰۸

سرمئی شام اس طرح آئے

فلم : لیکن (۱۹۹۰ء)

نغمہ نگار : گلزار

گلوکار : سریش واڈیکر

موسیقار : ہردے ناتھ منگیشکر

اداکار : ونود کھنہ، ڈمپل کپاڈیہ، امجد خان

سرمئی شام اس طرح آئے
سانس لیتے ہیں جس طرح سائے
کوئی آہٹ نہیں بدن کی کہیں
پھر بھی لگتا ہے تو یہیں ہے کہیں
وقت جاتا سنائی دیتا ہے
جیسے خوشبو نظر سے چھو جائے
دن کا جو بھی پہر گزرتا ہے
کوئی احسان سا اترتا ہے

وقت کے پاؤں دیکھتا ہوں میں

روز یہ چھاؤں دیکھتا ہوں میں

آئے جیسے کوئی خیال آئے

***

گانا نمبر : ۰۹

جیتا تھا جس کے لیے جس کے لیے مرتا تھا

فلم : دل والے (۱۹۹۴ء)

نغمہ نگار : سمیر

گلوکار : الکا یاگنک، کمار سانو

موسیقار : ندایم شراون

اداکار : اجے دیوگن، رویںہ ٹنڈن، سنیل شیٹی

(ہمیں تو اپنوں نے لوٹا غیروں میں کہاں دم تھا
میری کشتی تھی ڈوبی وہاں جہاں پانی کم تھا)
جیتا تھا جس کے لیے، جس کے لیے مرتا تھا
ایک ایسی ہی لڑکی تھی جسے میں پیار کرتا تھا
کتنی محبت ہے میرے دل میں کیسے دکھاؤں اسے
دیوانگی نے پاگل کیا ہے کیسے بتاؤں اسے
مٹانے سے بھی نہ مٹے گی میری داستاں
ایک ایسی ہی لڑکی تھی جسے میں پیار کرتا تھا

میری نظر میں، میرے جگر میں تصویر ہے یار کی

میری خوشی کیا، یہ زندگی کیا، سوغات ہے پیار کی

اسی کے لیے ہے میرے تو یہ دونوں جہاں

ایک ایسا لڑکا تھا جسے میں پیار کرتی تھی

جیتی تھی جس کے لیے، جس کے لیے مرتی تھی

ایک ایسا لڑکا تھا جسے میں پیار کرتی تھی

جاں سے بھی زیادہ چاہا تھا جس کو اس نے ہی دھوکا دیا

نادان تھی جو کچھ بھی نہ سمجھی، چاہت کو رسوا کیا

بنا کے اسی نے اجاڑا میرا آشیاں

وہ کیسی لڑکی تھی جسے تو پیار کرتا تھا

ایک ایسی ہی لڑکی تھی جسے میں پیار کرتا تھا

جیتی تھی جس کے لیے، جس کے لیے مرتی تھی

ایک ایسا لڑکا تھا جسے میں پیار کرتی تھی

ایک ایسا لڑکا ہے جسے میں پیار ----

آنکھوں سے میری بہتے ہیں آنسو جب یاد آتی ہے وہ

کیسے بتاؤں جاکے میں اس کو کتنا ستاتی ہے وہ

پریشان ہوں، کہ ملے گی مجھے وہ کہاں
ایک ایسی ہی لڑکی تھی جسے میں پیار کرتا تھا

***

گانا نمبر : ۱۰

آپ چاہیں تو ہم کو مٹا دیجیے

فلم : سنگیت (۱۹۹۲ء)

نغمہ نگار : سنتوش آنند

گلوکار : انورادھا پوڈوال

موسیقار : آنند ملند

اداکار : مادھوری ڈکشٹ، جیکی شراف

آپ چاہیں تو ہم کو مٹا دیجیے
دل لگانے کی ہم کو سزا دیجیے
جب کبھی ہم کو ہنسانے کا موقع ملا
یوں لگا جیسے ہم کو تو دھوکا ملا
آپ اتنی تو ہم سے وفا کیجیے
مسکرانے کی ہم کو سزا دیجیے
آپ چاہیں تو ہم کو مٹا دیجیے
دل لگانے کی ہم کو سزا دیجیے

کوئی کیسے جئے آپ کو کیا پڑی

آپ کا رشتہ ہے بس گھڑی دو گھڑی

آپ اتنی تو ہم سے وفا کیجیے

سانس لینے کی ہم کو سزا دیجیے

آپ چاہیں تو ہم کو مٹا دیجیے

دل لگانے کی ہم کو سزا دیجیے

***

گانا نمبر : ۱۱

کہنا ہی کیا یہ نین ایک انجان سے جو ملے

فلم : بمبئی (۱۹۹۵ء)

نغمہ نگار : محبوب

گلوکار : چترا ، اے۔ آر۔ رحمٰن

موسیقار : اے۔ آر۔ رحمٰن

اداکار : منیشا کوئرالہ ، اروند سوامی

گم سم گم گپ چپ

گم سم گپ چپ

ہلچل ہلچل ہو گئی تیری

ہونٹ ہیں تیرے چپ

کھلبل کھلبل ہو گئی تیری

بیٹھی ہے تو چپ

پیارے پیارے چہرے نے کرتے ہی اشارہ

دیکھا تیری آنکھوں نے ہے سپنا کوئی پیارا

ہم سے گوری نہ تو شرما، آ کہہ دے ہم سے ذرا

کہنا ہی کیا، یہ نین ایک انجان سے جو ملے

چلنے لگے محبت کے جیسے یہ سلسلے

ارماں نئے ایسے دل میں کھلے، جن کو کبھی میں نہ جانوں

وہ ہم سے، ہم ان سے کبھی نہ ملے، کیسے ملے دل نہ جانوں

اب کیا کریں، کیا نام لیں، کیسے انہیں میں پکاروں

پہلی ہی نظر میں کچھ ہم کچھ تم ہو جاتے ہیں یوں گم

نینوں سے برسے رم جھم رم جھم ہم پہ پیار کا ساون

شرم تھوڑی تھوڑی ہم کو آئے تو نظریں جھک جائیں

ستم تھوڑا تھوڑا ہم پہ شوخ ہوا بھی کر جائے

ایسی چلے آنچل اڑے، دل میں ایک طوفان اٹھے

ہم تو لوٹ گئے کھڑے ہی کھڑے

ان ہونٹوں نے مانگا سرگم سرگم تو اور تیرا ہی پیار ہے

آنکھیں ڈھونڈھے ہے جس کو ہر دم ہر دم تو اور تیرا ہی پیار ہے

محفل میں بھی تنہا ہے دل ایسے، دل ایسے

تجھ کو کھو نہ دے ڈرتا ہے یہ ایسے، یہ ایسے

آج ملی ایسی خوشی، جھوم اٹھی دنیا یہ میری
تم کو پایا تو پائی زندگی

***

گانا نمبر : ۱۲

یارانہ یار کا نہ کبھی چھوٹے گا

فلم : ساتھی (۱۹۹۱ء)

نغمہ نگار : حسرت جے پوری

گلوکار : کمار سانو، وپن سچدیو

موسیقار : ندیم شراون

اداکار : محسن خان، آدتیہ پنچولی، ورشا اسگاؤنکر۔ انوپم کھیر

زمیں آسماں مل جائیں یہ تو پھر بھی ممکن ہے
مگر ایک یار دنیا میں بڑی مشکل سے ملتا ہے
یارانہ یار کا نہ کبھی چھوٹے گا
تیرا نام لے کر میرا دم ٹوٹے گا
یارانہ یار کا ---
جہاں گرے پسینہ تیرا میں تو خون بہا دوں گا
تو ہی تو ہے دل میں میرے، چیر کے دل دکھلا دوں گا
کہ روٹھوں جو تجھ سے میں تو خدا روٹھے گا

تیرا نام لے لے کر ---

ایک ہیں اپنے سپنے ساتھی تو جانے میں جانوں

اپنے دل کے نیک ارادے چہرے سے پہچانوں

اپنا پیار میرے یار کوئی کیا لوٹے گا

تیرا نام لے لے کر میرا دم ٹوٹے گا

***

گانا نمبر : ۱۳

پہلا نشہ پہلا خمار

فلم : جو جیتا وہی سکندر (۱۹۹۲ء)

نغمہ نگار : مجروح سلطان پوری

گلوکار : سادھنا سرگم، ادت نارائن

موسیقار : جتن للت

اداکار : کشور کمار، دارا سنگھ، ایتا

چاہے تم کچھ نہ کہو، میں نے سن لیا
کہ ساتھی پیار کا مجھے چن لیا، چن لیا
پہلا نشہ، پہلا خمار
نیا پیار ہے، نیا انتظار
کر لوں میں کیا اپنا حال، اے دلِ بے قرار
میرے دلِ بے قرار، تو ہی بتا
اڑتا ہی پھروں ان ہواؤں میں کہیں
یا میں جھول جاؤں ان گھٹاؤں میں کہیں

ایک کر دوں آسمان اور زمیں

کہو یارو کیا کروں، کیا نہیں

اس نے بات کی کچھ ایسے ڈھنگ سے

سپنے دے گیا وہ ہزاروں رنگ کے

رہ جاؤں جیسے میں ہار کے

اور چومے وہ مجھے پیار سے

***

گانا نمبر : ۱۴

تیرے در پہ صنم چلے آئے

فلم : پھر تیری کہانی یاد آئی (۱۹۹۳ء)

نغمہ نگار : قتیل شفائی

گلوکار : کمار سانو

موسیقار : انو ملک

اداکار : راہل رائے، پوجا بھٹ، پوجا بیدی

تیرے در پہ صنم چلے آئے
تو نہ آیا تو ہم چلے آئے
بن تیرے کوئی آس بھی نہ رہی
اتنے ترسے کہ پیاس بھی نہ رہی
لڑکھڑائے قدم، چلے آئے
اس سے پہلے کہ ہم پہ ہنستی رات
بن کے ناگن جو ہم کو ڈستی رات
لے کے اپنا بھرم چلے آئے

تو نہ آیا تو ہم چلے آئے
تیرے در پہ صنم چلے آئے
تو نہ آیا تو ہم چلے آئے

***

گانا نمبر : ۱۵

کوئی نہ کوئی چاہیے پیار کرنے والا

فلم : دیوانہ (۱۹۹۲ء)

نغمہ نگار : سمیر

گلوکار : ونود راٹھوڑ

موسیقار : ندیم شراون

اداکار : شاہ رخ خان، کاجول

کوئی نہ کوئی چاہیے پیار کرنے والا
کوئی نہ کوئی چاہیے ہم پہ مرنے والا
دل و جان لٹائیں گے ہم تو اسی پل
ساتھ میں بتائیں گے شام و سحر
شام و سحر او میرے یارا
کوئی نہ کوئی چاہیے پیار کرنے والا
پیار کرنے والا
کوئی نہ کوئی چاہیے ہم پہ مرنے والا

ہم پہ مرنے والا

اس چاند کے ٹکڑے کو

سینہ سے لگا

اس ریشمی مکھڑے کو

آنکھوں میں چھپا لوں گا

دیوانہ مجھ سا نہ ملے گا اس کو

اس زمیں سے لے کے سارے آسمان تک

کوئی نہ کوئی چاہیے ہم پہ مرنے والا

ہم پہ مرنے والا

ہم پہ مرنے والا

نہ میری کوئی منزل

نہ میرا ہے ٹھکانا

میں نے تو یارو سیکھا

کانٹوں سے دل لگانا

الفت کا میں دیوانہ ہوں،

دنیا سے میں بیگانہ

بانہوں میں آسماں ہے
قدموں میں ہے زمانہ
کوئی نہ کوئی چاہیے پیار کرنے والا
کوئی نہ کوئی چاہیے ہم پہ مرنے والا
دل و جان لٹائیں گے ہم تو اسی پل
ساتھ میں بتائیں گے شام و سحر
شام و سحر او میرے یارا
کوئی نہ کوئی چاہیے پیار کرنے والا
پیار کرنے والا

***

گانا نمبر : ١٦

ایک ملاقات ضروری ہے صنم

فلم : صرف تم (۱۹۹۹ء)

نغمہ نگار : سمیر

گلوکار : صابری برادرز، جسپیندر نرولا

موسیقار : ندیم شراون

اداکار : سنجے کپور، پریا گل، سلمان خان

سانس آتی ہے سانس جاتی ہے
صرف مجھ کو ہے انتظار تیرا
آنسوؤں کی گھٹائیں پی پی کے
اب تو کہتا ہے یہی پیار میرا
زندہ رہنے کے لیے تیری قسم
ایک ملاقات ضروری ہے صنم
تیری چاہتوں نے یہ کیا غم دیا
تیرے عشق نے یوں دیوانہ کیا

زمانے سے مجھ کو بیگانہ کیا
دیوانے تیرے پیار میں، بڑا ہی برا حال ہے
کھڑی ہوں تیری راہ میں، نہ ہوش نہ خیال ہے
ایک ملاقات ضروری ہے صنم
میرے ساتھ میں رو رہا آسماں
میرا پیار کھویا ہے جانے کہاں
اسے ڈھونڈتی میں یہاں سے وہاں
ملن کی مجھے آس ہے، نکلتی نہیں جان ہے
میں کتنی مجبور ہوں، یہ کیسا امتحاں ہے
ایک ملاقات ضروری ہے صنم
ایک ملاقات، ملاقات ملاقات
ملاقات ملاقات، ملاقات ملاقات
زندہ رہنے کے لیے تیری قسم
ایک ملاقات ضروری ہے صنم
آج ملاقات ضروری ہے صنم
ملاقات ضروری ہے صنم

ایک ملاقات ضروری ہے صنم

میرے آنکھوں میں جلے ، تیرے خوابوں کے دیئے

کتنی بے چین ہوں میں، یار سے ملنے کے لیے

میرے بچھڑے دلبر، تو جو ایک بار ملے

چین آ جائے مجھے، جو تیرا دیدار ملے

مسیحا میرے دعا دے مجھے

کروں اب میں کیا بتا دے مجھے

کوئی رستہ دکھا دے مجھے

میرے یار سے ملا دے مجھے

میرے درد کی دوا دے مجھے

کہیں نہ اب سکوں ہے

کہیں نہ اب قرار ہے

ملے گا میرا ساتھیا

مجھے تو اعتبار ہے

ایک ملاقات ضروری ہے صنم

ایک ملاقات، ملاقات ملاقات

ملاقات ملاقات، ملاقات ملاقات

زندہ رہنے کے لیے تیری قسم
ایک ملاقات ضروری ہے صنم
سانس آتی ہے سانس جاتی ہے
صرف مجھ کو ہے انتظار تیرا
زندہ رہنے کے لیے تیری قسم
ایک ملاقات ضروری ہے صنم
ایک ملاقات ضروری ہے صنم

***

گانا نمبر : ۱۷

میں دنیا بھلا دوں گا، تیری چاہت میں

فلم : عاشقی (۱۹۹۰ء)

نغمہ نگار : سمیر

گلوکار : انورادھا پودوال، کمار سانو

موسیقار : ندیم شراون

اداکار : راہل رائے، انو اگروال

میں دنیا بھلا دوں گا، تیری چاہت میں

ہو دشمن زمانا، مجھے نہ بھلانا

میں خود کو مٹا دونگا، تیری چاہت میں

میں دنیا بھلا دونگی، تیری چاہت میں

تیرا ساتھ چھوٹا کہ وعدہ جو ٹوٹا

میں خود کو مٹا دونگی، تیری چاہت میں

میری سانسیں، تیری خوشبو، میرے دل میں تیری دھڑکن

میری محفل تیری باتیں، میری آنکھیں، تیرا درپن

بن تیرے کچھ بھی نہیں میں
میں ہر غم اٹھا لوں گی، تیری چاہت میں
سینہ سے لگ جا تو، میں ہوں، تیرا دیوانہ
مجھے تجھ سے ملنے سے روکے گا کیا زمانہ
چھوڑوں گا نہ ساتھ تیرا
میں سب کچھ لوٹا دوں گا، تیری چاہت میں

***

گانا نمبر : ۱۸

تیری امید تیرا انتظار کرتے ہیں

فلم : دیوانہ (۱۹۹۲ء)

نغمہ نگار : سمیر

گلوکار : کمار سانو، سادھنا سرگم

موسیقار : ندیم شراون

اداکار : رشی کپور، دیویا بھارتی، شاہ رخ خان

تیری امید تیرا انتظار کرتے ہیں
اے صنم ہم تو صرف تم سے پیار کرتے ہیں
جانِ من ہم بھی تم پہ جاں نثار کرتے ہیں
اے صنم ہم تو صرف تم سے پیار کرتے ہیں
خواب آنکھوں میں اب نہیں آتے
اب تو پلکوں میں تم سمائے ہو
ہر گھڑی ساتھ رہتے ہو
دل کی دنیا میں گھر بسائے ہو

تیری ہر بات پہ ہم اعتبار کرتے ہیں
اے صنم ہم تو صرف تم سے پیار کرتے ہیں
ہم کو جس کی تھی وہ تلاش ہو تم
خوشبو سانسوں کی دل کی پیاس ہو تم
تیرے عاشق تیرے دیوانے ہیں
ساری دنیا سے ہم بیگانے ہیں
جان ہم پیار تمہیں بیشمار کرتے ہیں
اے صنم ہم تو صرف تم سے پیار کرتے ہیں
کھوئے رہتے ہیں تیری یادوں میں
ہم تو خود کو بھلائے بیٹھے ہیں
نام لکھ دی ہے زندگی تیرے
تجھ کو اپنا بنائے بیٹھے ہیں
پیار ہم جانِ جاناں ایک بار کرتے ہیں
اے صنم ہم تو صرف تم سے پیار کرتے ہیں

***

گانا نمبر : ۱۹

تم ملے دل کھلے، اور جینے کو کیا چاہیے

فلم : کریمنل (۱۹۹۵ء)

نغمہ نگار : اندیور

گلوکار : الکا یاگنک، کمار سانو

موسیقار : ایم ایم کریم

اداکار : ناگ ارجن، منیشا کوئرالہ، رمیا

تم ملے دل کھلے ، اور جینے کو کیا چاہیے
نہ ہو تو اداس تیرے پاس پاس میں رہوں گا زندگی بھر
سارے سنسار کا پیار میں نے تجھ ہی میں پایا
چندا تجھے دیکھنے کو نکلا کرتا ہے
آئینہ بھی دیدار کو ترسا کرتا ہے
اتنی حسین کوئی نہیں
حسن دونوں جہاں کا اک تجھ میں سمٹ کے آیا
تم ملے دل کھلے ، اور جینے کو کیا چاہیے

پیار کبھی مرتا نہیں، ہم تم مرتے ہیں
ہوتے ہیں وہ لوگ امر پیار جو کرتے ہیں
جتنی ادا ، اتنی وفا
ایک نظر پیار سے دیکھ لو، پھر سے زندہ کر دو
تم ملے دل کھلے ، اور جینے کو کیا چاہیے

***

گانا نمبر : ۲۰

چل چھیاں چھیاں

فلم : دل سے ... (۱۹۹۸ء)

نغمہ نگار : گلزار

گلوکار : سکھویندر سنگھ، سپنا اوستھی

موسیقار : اے۔ آر۔ رحمن

اداکار : شاہ رخ خان، منیشا کوئرالہ، پریتی زنٹا، ملائکہ اروڑہ

جن کے سر ہو عشق کی چھاؤں
پاؤں کے نیچے جنت ہو گی
جن کے سر ہو عشق کی چھاؤں
چل چھیاں چھیاں چھیاں چھیاں
سر عشق کی چھاؤں چل چھیاں چھیاں
پاؤں جنت چلے چل چھیاں چھیاں
چل چھیاں چھیاں چھیاں چھیاں
وہ یار ہے جو خوشبو کی طرح

جس کی زباں اردو کی طرح
میری شام رات، میری کائنات
وہ یار میرا سیاں سیاں
چل چھیاں چھیاں چھیاں چھیاں
چل چھیاں چھیاں چھیاں چھیاں
گلپوش کبھی اترائے کہیں
مہکے تو نظر آ جائے کہیں
تعویذ بنا کے پہنوں اسے
آیت کی طرح مل جائے کہیں
وہ یار ہے جو ایمان کی طرح
میرا نغمہ وہی
میرا کلمہ وہی
میرا نغمہ نغمہ ، میرا کلمہ کلمہ
یار مثالِ اوس چلے
پاؤں کے تلے فردوس چلے
کبھی ڈال ڈال

کبھی پات پات

میں ہوا پہ ڈھونڈوں اس کے نشاں

سر عشق کی چھاؤں چل چھیاں چھیاں

پاؤں جنت چلے چل چھیاں چھیاں

میں اس کے روپ کا شیدائی

وہ دھوپ چھاؤں سا ہرجائی

وہ شوخ ہے رنگ بدلتا ہے

میں رنگ روپ کا سودائی

جن کے سر ہو عشق کی چھاؤں

پاؤں کے نیچے جنت ہوگی

شام رات میری کائنات

وہ یار میرا سیاں سیاں

چل چھیاں چھیاں چھیاں چھیاں

وہ یار ہے جو خوشبو کی طرح

جس کی زباں اردو کی طرح

میری شام رات، میری کائنات

وہ یار میرا سیاں سیاں

چل چھیاں چھیاں چھیاں چھیاں

***

گانا نمبر : ۲۱

وہ سکندر ہی دوستو کہلاتا ہے

فلم : جو جیتا وہی سکندر (۱۹۹۱ء)

نغمہ نگار : مجروح سلطان پوری

گلوکار : ادت نارائن

موسیقار : جتن للت

اداکار : عامر خان، عائشہ زلخا، دیپک تجوری

وہ سکندر ہی دوستو کہلاتا ہے
ہاری بازی کو جیتنا جسے آتا ہے
نکلیں گے میدان میں جس دن ہم
جھوم کے دھرتی ڈولے گی یہ قدم چوم کے
جو سب کرتے ہیں یارو وہ کیوں ہم تم کریں
یوں ہی کسرت کرتے کرتے کاہے کو ہم مریں
گھر والوں سے، ٹیچر سے بھلا ہم کیوں ڈریں
یہاں کے ہم سکندر ---

چاہیں تو رکھ لیں سب کو اپنی جیب کے اندر

ارے ہم سے بچ کے رہنا میری جان

نہیں سمجھے ہیں وہ ہمیں تو کیا جاتا ہے

ہاری بازی کو جیتنا جسے آتا ہے

یہ گلیاں اپنی یہ راستے اپنے

کون آئے گا اپنے آگے

راہوں میں ہم سے ٹکرائے گا جو

ہٹ جائے گا وہ گھبرا کے

یہاں کے ہم سکندر ---

چاہیں تو رکھ لیں سب کو اپنی جیب کے اندر

ارے ہم سے پنگا مت لینا میری جان

نہیں سمجھے ہیں وہ ہمیں تو کیا جاتا ہے

ہاری بازی کو جیتنا جسے آتا ہے

یہ بھولی بھالی متوالی پریاں

جو ہیں اب دولت پر قربان

جب قیمت دل کی یہ سمجھیں گی

تو ہم پہ چھڑکیں گی اپنی جان
یہاں کے ہم سکندر ---
ارے ہم بھی ہیں شہزادے گلفام
نہیں سمجھے ہیں وہ ہمیں تو کیا جاتا ہے
ہاری بازی کو جیتنا جسے آتا ہے

***

گانا نمبر : ۲۲

رہنے کو گھر نہیں سونے کو بستر نہیں

فلم : سڑک (۱۹۹۱ء)

نغمہ نگار : سمیر

گلوکار : کمار سانو، دیباشیش داس گپتا، جنید اختر

موسیقار : ندیم شراون

اداکار : سنجے دت ، پوجا بھٹ، سداشیوامرپورکر

رہنے کو گھر نہیں سونے کو بستر نہیں
اپنا خدا ہے رکھوالا، اب تک اسی نے ہے پالا
اپنی تو زندگی کٹتی ہے فٹ پاتھ پہ
اونچے اونچے یہ محل ہیں کس کام کے
ہم کو تو ماں باپ کے جیسے لگتی ہے سڑک
کوئی بھی اپنا نہیں رشتے ہیں بس نام کے
اپنے جو ساتھ ہے یہ اندھیری رات ہے
اپنا نہیں ہے اجالا، اب تک اسی نے ہے پالا

ہم تو مزدور ہیں ہر غم سے دور ہیں

محنت کی روٹیاں مل جل کے کھاتے ہیں

ہم کبھی نیند کی گولیاں لیتے نہیں

رکھ کے پتھر پہ سر تھک کے سو جاتے ہیں

طوفاں سے جب گھرے راہوں میں جب گرے

ہم کو اسی نے سنبھالا، اب تک اسی نے ہے پالا

یہ کیسا ملک ہے، یہ کیسی ریت ہے

یاد کرتے ہیں ہمیں لوگ کیوں مرنے کے بعد

اندھے بہروں کی بستی، چاروں طرف اندھیرے ہیں

سب کے سب لاچار ہیں، کون سنے کسی کی فریاد

ایسے میں جینا ہے ہم کو تو پینا ہے

جیون زہر کا ہے پیالہ، اب تک اسی نے ہے پالا

رہنے کو گھر نہیں سونے کو بستر نہیں

اپنا خدا ہے رکھوالا، اب تک اسی نے ہے پالا

***

گانا نمبر : ۲۳

دل جگر نظر کیا ہے

فلم : دل کا کیا قصور (۱۹۹۲ء)

نغمہ نگار : نواب آرزو

گلوکار : کمار سانو

موسیقار : ندیم شراون

اداکار : دیویا بھارتی ، پرتھوی

دل جگر نظر کیا ہے
میں تو تیرے لیے جان بھی دے دوں
او میری جانِ جاں، تو ہے میرا جہاں
میں تو تیرے لیے جان بھی دے دوں
دل جگر نظر ---
میں نے تجھ کو چاہا اس میں میری خطا کیا
دل نے تجھ کو اپنا مانا اس کی سزا کیا
او میرے ہمقدم چلیں گے ساتھ ہم

میں تو تیرے لیے جان بھی دے دوں

سن مستی میں ڈوبے یہ میرے ترانے

دل ہے تیرا دیوانہ لیکن تو نہ جانے

او میرے ہم نشیں کر لے میرا یقیں

میں تو تیرے لیے جان بھی دے دوں

دل میں لاکھوں ارماں آنکھوں میں ہے سپنے

تم ہو اجنبی پر لگتے ہو مجھ کو اپنے

تو میری ہر خوشی تو میری زندگی

میں تو تیرے لیے جان بھی دے دوں

دل جگر نظر کیا ہے

میں تو تیرے لیے جان بھی دے دوں

***

گانا نمبر : ۲۴

اے اجنبی، تو بھی کبھی

فلم : دل سے (۱۹۹۸ء)

نغمہ نگار : گلزار

گلوکار : مہالکشمی، ادت نارائن

موسیقار : اے آر رحمان

اداکار : شاہ رخ خان، منیشا کوئرالہ، پریتی زنٹا

پاکھی پاکھی پردیسی
پاکھی پاکھی پردیسی
اے اجنبی، تو بھی کبھی
آواز دے کہیں سے
میں یہاں ٹکڑوں میں جی رہا ہوں
تو کہیں ٹکڑوں میں جی رہی ہے
روز روز ریشم سی ہوا
آتے جاتے کہتی ہے بتا

وہ جو دودھلی معصوم کلی
وہ ہے کہاں، کہاں ہے
وہ روشنی کہاں ہے
وہ جان سی کہاں ہے
میں ادھورا، تو ادھوری جی رہی ہے
تو تو نہیں ہے لیکن تیری مسکراہٹیں ہیں
چہرہ کہیں نہیں ہے، پر تیری آہٹیں ہیں
تو ہے کہاں، کہاں ہے
تیرا نشاں کہاں ہے
میرا جہاں کہاں ہے
میں ادھورا، تو ادھوری جی رہی ہے

***

گانا نمبر : ۲۵

یہ اَکھا انڈیا جانتا ہے

فلم : جان تیرے نام (۱۹۹۲ء)

نغمہ نگار : سمیر

گلوکار : کمار سانو

موسیقار : ندیم شراون

اداکار : رونیت رائے، فرحین

فرسٹ ٹائم دیکھا تمہیں ہم کھو گیا

سیکنڈ ٹائم میں لَو ہو گیا

یہ اَکھا انڈیا جانتا ہے

ہم تم پہ مرتا ہے

دل کیا چیز ہے جانم

اپنی جان تیرے نام کرتا ہے

تیرے سے میرج کرنے کو میں

بمبئی سے گوا آیا

لیکن تیرے ڈیڈ نے مجھ کو
ریڈ سگنل دکھلایا
فادر سے تیرے کیا لینا مجھے
تو چاہے مجھ کو میں چاہوں تجھے
یہ اَکھا انڈیا جانتا ہے
ہم تم پہ مرتا ہے
دل کیا چیز ہے جانم
اپنی جان تیرے نام کرتا ہے
میں تیری چاہت میں جانم بن بیٹھا دیوانہ
لیکن تو نے پیار کو میرے نہ سمجھا نہ جانا
میری جان کر لے تو جتنا ستم
چھوڑوں گا نہ تیری چاہت صنم
یہ اَکھا انڈیا جانتا ہے
ہم تم پہ مرتا ہے
دل کیا چیز ہے جانم
اپنی جان تیرے نام کرتا ہے

مانا آج نظر میں تیری
پیار میرا بیگانہ ہے
مجھے قسم ہے پیار کی تیرے
دل میں پیار جگانا ہے
کیا میں صنم تیرا یار نہیں
ایک بار کہہ دے تجھے پیار نہیں
یہ اَکھا انڈیا جانتا ہے
ہم تم پہ مرتا ہے
دل کیا چیز ہے جانم
اپنی جان تیرے نام کرتا ہے

***

گانا نمبر : ۲۶

کبھی میں کہوں، کبھی تم کہو

فلم : لمحے (۱۹۹۱ء)

نغمہ نگار : آنند بخشی

گلوکار : لتا منگیشکر، ہری ہرن

موسیقار : شیو ہری

اداکار : سری دیوی، انیل کپور

یہ کیا ہو گیا
سپنا میرا سچ ہو گیا
کبھی میں کہوں، کبھی تم کہو
کہ میں نے تمہیں یہ دل دے دیا
کبھی میں سنوں، کبھی تم سنوں
کہ میں نے تمہیں یہ دل دے دیا
پاس پاس ہم ساتھ ساتھ یوں بیٹھے رہے
ایک دوسرے سے یہی کہتے رہے

چلتے رہے، اڑتے رہے، ہم بہتے رہے
ایک دوسرے سے یہی کہتے رہے
دردِ دل، دردِ جگر ہم سہتے رہے
ایک دوسرے سے یہی کہتے رہے

***

گانا نمبر : ۲۷

نائک نہیں کھلنائک ہوں میں

فلم : کھلنائک (۱۹۹۳ء)

نغمہ نگار : آنند بخشی

گلوکار : کویتا کرشنا مورتی، ونود راتھوڑ

موسیقار : لکشمی کانت پیارے لال

اداکار : سنجے دت، جیکی شراف، مادھوری ڈکشٹ

ایک ہوتا ہے نائک
اور ایک ہوتا ہے کھلنائک
نائک کھلنائک
نائک نہیں کھلنائک ہے تو
ظلمی بڑا دکھ دائک ہے تو
اس پیار کی تجھ کو کیا قدر
اس پیار کے کہاں لائق ہے تو
نائک نہیں کھلنائک ہے ---

نائک کھلنائک نائک کھلنائک

تیری طبیعت تو رنگین ہے

پر تو محبت کی توہین ہے

اک روز تجھ کو سمجھ آئے گی

لیکن بہت دیر ہو جائے گی

نائک نہیں کھلنائک ہے ---

خود کو ترازو میں تولا نہیں

سچ خدا سے بھی تو نے بولا نہیں

کتنے کھلونوں سے کھیلا ہے تو

افسوس پھر بھی اکیلا ہے تو

نائک نہیں کھلنائک ہے ---

جی ہاں میں ہوں کھلنائک

نائک نہیں کھلنائک ہوں میں

ظلمی بڑا دکھ دائک ہے میں

ہے پیار کیا مجھ کو کیا خبر

بس یار نفرت کے لائق ہوں میں

نائک نہیں کھلنائک ہوں میں
کچھ بھی نہیں یاد اس کے سوا
نہ میں کسی کا نہ کوئی میرا
جو چیز مانگی نہیں وہ ملی
کرتا میں کیا اور بس چھین لی
میں بھی شرافت سے جیتا مگر
مجھ کو شریفوں سے لگتا تھا ڈر
سب کو پتا تھا میں کمزور ہوں
میں اس لیے آج کچھ اور ہوں
نائک نہیں کھلنائک ہوں میں
بچپن میں لکھی کہانی میری
کیسے بدلتی جوانی میری
سارا سمندر میرے پاس ہے
اک بوند پانی میری پیاس ہے
دیکھا تھا ماں نے کبھی پیار سے
اب مٹ گئی وہ بھی سنسار سے

میں وہ لٹیرا ہوں جو لٹ گیا
ماں کا آنچل کہیں چھپ گیا
نائک نہیں کھلنائک ہوں میں

***

گانا نمبر : ۲۸

اللہ کرم کرنا، للہ کرم کرنا

فلم : صنم بے وفا (۱۹۹۱ء)

نغمہ نگار : ساون کمار ٹک

گلوکار : لتا منگیشکر

موسیقار : مہیش کشور

اداکار : سلمان خان، چاندنی

اللہ کرم کرنا، للہ کرم کرنا
اللہ کرم کرنا، للہ کرم کرنا
پروردگارِ عالم، بے کس پہ رحم کرنا
اللہ کرم کرنا، للہ کرم کرنا
یہ پھول جو ادا کیا اس کو سنبھالیے
رحمت کا اپنی کوئی بھی جلوہ دکھایئے
اس ماں کی فضا کا
یارب تو دھرم رکھنا، یارب تو دھرم رکھنا

دیتی ہوں یہ دہائی میں ربِ جلیل کو
جیسے بچایا آگ سے حضرت خلیل کو
تو مجھ غریب پر بھی ایسا ہی کرم کرنا
ایسا ہی کرم کرنا، پروردگارِ عالم
بے کس پہ رحم کرنا
اللہ کرم کرنا، للہ کرم کرنا

***

گانا نمبر : ۲۹

تجھے بھولنے سے پہلے

فلم : برسات (۱۹۹۵ء)

نغمہ نگار : سمیر

گلوکار : کمار سانو، سادھنا سرگم

موسیقار : ندیم شراون

اداکار : بابی دیول، ٹوئنکل کھنہ

نہیں یہ ہو نہیں سکتا

کہ تیری یاد نہ آئے

بنا تیرے کہیں بھی دل

میرے اب چین نہ پائے

تجھے بھولنے سے پہلے

میری جان چلی جائے

او میری جان چلی جائے

او میری جان چلی جائے

اگر مجھ پہ یقین نہ ہو

مجھے تم آزما لینا

میں تم سے پیار کرتا ہوں

جہاں چاہے بلا لینا

توڑوں گا نہ یہ وعدے وفا

میں عاشق ہوں، دیوانہ ہوں

کوئی کیا مجھ کو سمجھائے

نہیں یہ ہو نہیں سکتا

تجھے بھولنے سے پہلے

میری جان چلی جائے

او میری جان چلی جائے

او میری جان چلی جائے

محبت کی حدوں سے ہم

چلو آگے نکل جائیں

بسا لیں گھر دلوں میں ہم

نہ دنیا کو نظر آئیں

چپکے سنیں دھڑکنوں کی صدا
میری دیوانگی دلبر
تیرے سر کی قسم کھائے
نہیں یہ ہو نہیں سکتا
تجھے بھولنے سے پہلے
میری جان چلی جائے
او میری جان چلی جائے
او میری جان چلی جائے

***

گانا نمبر : ۳۰

یہ سفر بہت ہے کٹھن مگر

فلم : ۱۹۴۲ اے لو اسٹوری (۱۹۹۵ء)

نغمہ نگار : جاوید اختر

گلوکار : شیواجی چٹوپادھیائے

موسیقار : آر ڈی برمن

اداکار : انل کپور، منیشا کوئرالا، جیکی شراف

دل نا امید تو نہیں، ناکام ہی تو ہے
لمبی ہے غم کی شام
مگر شام ہی تو ہے
یہ سفر بہت ہے کٹھن مگر
نہ اداس ہو میرے ہم سفر
یہ ستم کی رات ہے ڈھلنے کو
ہے اندھیرا غم کا پگھلنے کو
ذرا دیر اس میں لگے اگر

نہ اداس ہو میرے ہم سفر
نہیں رہنے والی یہ مشکلیں
کہ ہیں اگلے موڑ پہ منزلیں
میری بات کا تو یقین کر
نہ اداس ہو میرے ہم سفر
کبھی ڈھونڈ لے گا یہ کارواں
وہ نئی زمیں، نیا آسماں
جسے ڈھونڈتی ہے تیری نظر
نہ اداس ہو میرے ہم سفر

***

فہرست

***

منتخب جذباتی نغموں کا ایک اور مجموعہ

گیت گاتا چل

(جذباتی فلمی نغمے / حصہ : ۲)

مرتبہ : مکرم نیاز

بین الاقوامی ایڈیشن جلد منظر عام پر آ رہا ہے